Cozinha Medieval e Renascentista
Usos e hábitos da sociedade portuguesa

O autor

I. J. Lacerda é luso-alemão, nasceu em Lisboa e está radicado em Munique onde é autor independente. Sendo descendente de uma das grandes famílias ibéricas com raízes na Espanha do séc. XIII e ligações a Portugal desde D. João I, interessou-se desde novo pela História da Península. É investigador sobre a Idade Média europeia. Neste livro analisa os hábitos gastronómicos medievais e renascentistas em Portugal.

Estudou dietética e nutricionismo na Anne Reijnvaanschool do Wilhelmina Gasthuis de Amsterdão. É formado em Ciências Políticas na Universidade de Munique na Alemanha, exerceu a profissão de intérprete para várias organizações alemãs. Foi jornalista-correspondente para diversos jornais e revistas de Lisboa e colaborador permanente nas revistas "Eltern" e "P.M. Magazin" em Munique.

Os seus livros estão publicados em várias línguas.

Os livros

"Geheimnisse der lusitanischen Küche" © 2008 I. J. Lacerda
ISBN: 978 3 8370 9055 0
"Geheimnisse der portugiesischen Küche II" ©2011 I. J. Lacerda
ISBN: 978 3 8423 71088 8
"Föderalismus in der Bundesrepublik Deutschland"©2012 I. J. Lacerda
ISBN: 978 3 8448 0103 3
"O Federalismo em Portugal"©2013 I. J. Lacerda
ISBN: 978 3 7322 4068 5
"The Mediterranean-Atlantic Diet"©2014 I. J. Lacerda
ISBN: 978 3 7357 1898 3
"Secrets of traditional Portuguese cookery" © 2015 I. J. Lacerda
ISBN: 978 3 7347 7321 1
"A Dieta Mediterrânica"©2015 I. J. Lacerda
ISBN: 978 3 7347 6876 7

I. J. Lacerda

Cozinha Medieval e Renascentista
Usos e hábitos da sociedade portuguesa

Bibliografische Information der Deutschen Nationalbibliothek:
Die Deutsche Nationalbibliothek verzeichnet diese Publikation in der Deutschen Nationalbibliografie; detaillierte bibliografische Daten sind im Internet über http://dnb.d-nb.de abrufbar
Depósito legal na Deutsche Nationalbibliothek Consultas na Internet em http://dnb.d-nb.de

© 2015 I. J. Lacerda
Layout: I. J. Lacerda
Capa: Domínio Público

Herstellung und Verlag:
BoD – Books on Demand, Norderstedt
ISBN: 978 3 734 7 6863 7

Índice

A arte que vem de longe 9
As Comendas como estalagens 13
Curiosidades culinárias 14
O Pão 14
O Bacalhau 14
O Açúcar 15
Sobre o vinho 16
Os hábitos à mesa 17
Os utensílios para a refeição 19
O material de cozinha 19
Os hábitos diários 19
Ordem de entrada de pratos nos banquetes 20
Produtos mais usados na cozinha nobre 21
A questão das especiarias 21
Condimentos a usar 23
Entradas e Sopas 25
Caracóis 25
Maçapão à antiga 25
Maçapão para consumo rápido 26
Manjar branco 26
Pastéis de carne 27
Leite de amêndoa 28
O caldo verde antigo 29

Sopas de peixe 30
Caldo de galinha com nabos 31
Sopa de grão com cenoura 31
Sopa de beldroegas com poejo 32
Peixes 33
Sardinhas de escabeche/cebolada 33
Trutas lardeadas 34
Ensopado de eirós 34
Carpa assada em forno de lenha 35
Bacalhau ou peixe seco assado no borralho 36
Papas com lingueirão 36
Liça, tainha ou fataça 37
Enguias fritas 37
Lampreia 38
Carnes e aves 39
A Tigelada 39
Tigelada de perdiz 39
Codornizes de escabeche/cebolada 40
Capão assado 41
Galo caseiro de cabidela 42
Lacão de javali ou de porco assado 43
O cozido misto 44
Couvada com porco de salgadeira 45
Caldo de Couvada 45
Picos de matança fritos 46

Queijo de cabeça de porco - Cabeça de Xara 47
Chanfana de cabra velha 47
Cabrito assado 48
Limpar o carneiro 48
Tripada medieval – Dobrada 49
Assadura mista de carne 50
Cozido de grão-de-bico 51
Perdiz com pleurotos 52
Guisado de vitela 53
Faisão com uvas 54
Javali à montanhesa 55
Lebre, coelho ou láparos com cogumelos 56
Almôndegas fritas 57
Miúdos de galinha à tasqueiro 58
Ervilhas com ovos e linguiça 58
Acompanhamentos 59
Puré de cenoura 59
Puré de ervilhas 59
Esparregado de hortaliça 60
Puré de grão-de-bico 60
Migas com toucinho fumado 61
Arroz branco de estrugido 61
Salada de acelgas 62
Uvas em vinho doce 62
Sobremesas 63

Sopa dourada 63

Leite-creme 63

Palitos doces do frei António 64

Frutas cristalizadas 64

Marmeladas, peradas e pessegadas 65

Marmelada grossa cristalizada 65

Rabanadas de vinho 66

Fatias nobres (rabanadas com leite e frutas) 66

Tigelada de leite 67

Suspiros 67

A arte que vem de longe

O período medieval ou Idade Média engloba a época que começa por volta de 476 d.C. com a queda do império romano do ocidente e acaba para uns em 1453 com a queda de Constantinopla ou Bizâncio, hoje Istambul. Para outros acaba em 1492 com a descoberta da América. No entanto, o tempo das transições é sempre bastante longo, sobrepondo diferentes épocas e hábitos históricos. O séc. XVI é denominado Renascimento.

Portugal é neste espaço de cerca de 1100 anos de História Universal uma mescla de povos latinos, germânicos e árabes e somente no último terço desta época, ou seja desde D. Afonso Henriques até ao fim do reinado de D. João II, é um país relativamente independente, possuindo alguma documentação escrita sobre si próprio, a sua história e os seus costumes. Muito do resto calcula-se que tenha sido assim ou recebemos a informação em segunda mão. O analfabetismo generalizado, a falta de escritos impressos e os incêndios frequentes provocados por guerras ou acidentes foram igualmente razões da falta de documentação sobre esta matéria. Os livros culinários históricos da época na Europa resumem-se a uma escassa vintena de exemplares, dos quais um é português. Essa primeira informação culinária escrita data da época de transição para a Renascença e aparece numa coletânea de receitas da autoria da Infanta D. Maria, neta de D. Manuel I, que ao casar-se com o Duque de Parma levou uma lista gastronómica portuguesa desse tempo para a Itália. Esse manuscrito encontra-se arquivado na Biblioteca Nacional de Nápoles. Isso mostra-nos que a cozinha desses tempos, pelo menos a nobre, deveria ser boa e deixaria alguma saudade. O modo de preparação de refeições não muda rapidamente no tempo e por isso as receitas descritas pela Infanta deviam na altura ser já bem antigas, tal como o são alguns pratos tradicionais que chegaram até à atualidade. O manuscrito de D. Maria revela-nos isso. É o caso das tigeladas de então que eram confecionadas com carne. Um outro registo culinário escrito é o de Domingos Rodrigues que aparece uns 100 anos depois (1680) e repete algumas receitas da princesa. Outros registos soltos provêm dos conventos porque aí eram elaborados e copiados.

O povo, devido às suas constantes carências, demorou séculos a introduzir novas modas na alimentação, andando a sua base de sustento sempre à volta do pão, da fruta, dos guisados de legumes e das papas feitas com farinhas de cereais nos tempos de abundância e com farinha de bolota e castanha em tempos de fome. As papas deram mais tarde origem às açordas. A carne era para os dias de festa, o peixe era para quem o pescava. No Sul da Europa bebia-se vinho, bastante vinho. A cerveja era usada como medicina nos hospícios. Nos tempos de seca ou de falta de cereais chegava-se a ter como base de fermentação toda a espécie de plantas, algumas venenosas como a erva do diabo ou cogumelos silvestres. Por vezes a purga até curava. Daí a cerveja ser usada como medicamento para vários fins.

A gastronomia portuguesa foi influenciada, durante os séculos anteriores à nacionalidade, por hábitos célticos, greco-romanos e depois nitidamente germânicos e árabes, como se disse, sendo abastecida por aquilo que o território nacional possuía. O que não era muito se excluirmos o peixe. A época foi caracterizada principalmente por uma agricultura pobre, um pouco de caça e a criação de animais domésticos. A população no interior ocupava-se principalmente na pastorícia, na costa dedicava-se à pesca e para além disso nada mais produzia do que o necessário para sobreviver e pagar os tributos aos senhores feudais, se os houvesse. Além da guerra, não se tinham outros proveitos. No entanto, a guerra tirava a mão-de-obra dos campos e se havia espólio sob a forma de animais domésticos por um lado, quando os havia, havia carência na agricultura para os alimentar pelo outro. O fenómeno em Portugal é sistémico. Vai nos séculos seguintes repetir-se durante os Descobrimentos e durante os fluxos emigratórios.

A diversidade gastronómica foi mudando a partir do tempo em que o português contactou povos fora do continente europeu. Durante a Reconquista já entrara em contacto com a culinária árabe mais avançada, mas é na época dos Descobrimentos que chegam à mesa portuguesa em quantidade as especiarias e o exotismo do Oriente e da América. A cozinha portuguesa passou a ser uma cozinha do Mundo onde um bom banquete significa ser um banquete exótico. Esse bem-estar ficou, porém, reservado aos nobres e aos comerciantes.

Genuinamente portugueses restaram, no mínimo, três pratos: O cozido, um prato ancestral, a imprescindível sardinha, "vivinha da costa", e o eterno bacalhau, cá deixado pelos nórdicos, na sua variada fantasia. Talvez o tradicional chouriço, que usamos desde os tempos romanos sob a forma de linguiça, tenha lugar no rol. Efetivamente a generalidade da população não fala em petisco sem um chouriço, nem banquete sem um cozido, nem festa sem sardinhas, nem almoço sem bacalhau.

A primeira nobreza nacional é de cariz leonês e francês e intimamente ligada aos monges cistercienses cuja cozinha conventual veio introduzir na cultura local os hábitos franceses e castelhanos e assim a influenciar a gastronomia portucalense. O Rei e os membros da Corte, em constante movimento pelo país, alojavam-se nos conventos e nas comendas, maioritariamente cistercienses/templárias, e inevitavelmente entraram em contacto com a arte culinária dos hospedeiros. Estas ordens eram conhecidas pela riqueza dos seus campos. Foram eles os introdutores da cultura vinícola.

Nas crises de fome como em 1043, 1225 e 1302 devido à falta de braços para cultivar os campos, o povo passou fome e a mortalidade infantil foi extrema, repercutindo-se no decréscimo da população. Comia-se o que se encontrava na Natureza selvagem como ervas e pequenos animais como o texugo. O movimento das cruzadas é, ao nível da classe baixa e para lá do sentido religioso, a fome em movimento ou a fuga a essa fome. A Reconquista, ao contrário da ideia clerical de se tratar da expansão do ideal cristão, tinha como objetivo principal retirar aos mouros não só a riqueza possuída nos castelos, mas principalmente a comida que os infiéis armazenavam abundantemente nas terras da bacia do Tejo, no Alentejo e no Algarve. Estas terras eram ricas em fruta e cereais, logo também em pasto para o gado. Há 500 anos o Alentejo era verde. As províncias do sul eram os verdadeiros celeiros do território. As vitórias nessas batalhas pela sobrevivência, essas sim, poderiam ser abençoadas por Deus. O ser humano de barriga vazia não reza, torna-se predador. Era essa a razão da guerra - tomar o território, roubar o gado e pilhar as colheitas. O resto era o espólio de guerra sob a forma de objetos. Em tempo de abundância não há guerras, festeja-se.

O objetivo do livro "Cozinha Medieval Portuguesa" é mostrar os hábitos gastronómicos da sociedade portuguesa durante a Idade Média e a Renascença, baseando-se em receitas da época. Algumas pertencem ao cardápio habitual da nação. Outras são inspiradas no livro da infanta D. Maria. Usando somente os ingredientes que existiam há 500 anos foram adaptadas para uma preparação no tempo atual, proporcionando uma análise daquilo que marca qualquer prato: o sabor que faz gostar de uma iguaria. Nessa preparação poder-se-ão usar métodos e utensílios arcaicos da época, se os tivermos. Poderemos comparar as dificuldades que se enfrentavam antes da descoberta dos eletrodomésticos. Fica assim à mercê de cada um substituir uma peneira por um passador de malha fina ou um almofariz por um ralador elétrico.

No fim será sempre possível convidar um grupo de amigos para experimentar o verdadeiro banquete medieval - um bom repasto à moda de El-Rei.

I. J. Lacerda

As Comendas como estalagens

Uma explicação muito sucinta sobre o que foram as comendas e sobre quem eram os verdadeiros comendadores estaria fora do âmbito deste livro. Os comendadores ainda existem, se bem que se encontrem diluídos numa sociedade que pouco tem a ver com o alto beneficiário da ordem militar de outrora e muito mais com uma figura burguesa de salão que recebe uma distinção honorífica de uma ordem civil, sob a forma de uma medalha pendurada num colar ou numa faixa. As grandes comendas, como foi a de Tomar, hoje são cidades. Outras reduziram-se à atual estalagem, pousada ou albergaria privada usando um nome que perdurou. Outras ainda dão o nome a uma terra, mas já não existem. O regimento de uma comenda era um benefício concedido a nobres e cavaleiros das ordens militares em que se salientaram primeiro os Templários e após a extinção destes no séc. XIV (1312), os Hospitalários. À Ordem dos Templários sucedeu em Portugal a Ordem de Cristo. Os Hospitalários aplicavam o seu trabalho mais no apoio a peregrinos e doentes, mantendo hospícios junto das comendas. Os Templários também instalaram nas comendas as primeiras "agências" bancárias e de viagens na Europa. As ordens estavam obrigadas a prestar apoio logístico ao Rei, à sua Corte e aos cavaleiros e eclesiásticos das ordens quando em viagem. Alguns destes serviços eram pagos pelos Mestres das ordens e pelos comendadores. O serviço de apoio aos peregrinos no hospício era gratuito. O encarregado de gerir toda a organização era o comendador, o qual assumia na comenda uma posição de relevo semelhante à de um prior. As comendas estavam por norma situadas em encruzilhadas de movimento de viajantes e alguns nomes de vilas indicam que na sua origem esteve uma comenda. É o caso de Albergaria-a-Velha, Albergaria dos Doze e outras. Junto à comenda erguia-se depois uma capela e assim se formaram aglomerados populacionais. Aonde aflui muita gente, neste caso indo do rei ao pobre, a comida não falta, nem pode ser má. A classe monástica teve sempre a fama, e certamente o proveito, de ser apreciadora da boa e farta cozinha e de beber as melhores canadas do reino.

Curiosidades culinárias

O pão

Na época medieval o pão foi consumido em abundância, sendo a base da alimentação das classes mais baixas. O pão de trigo, por a farinha ser cara, estava reservado aos nobres. As classes baixas confecionavam o seu pão com farinha de centeio, mas também usavam a aveia ou a cevada. O milho só apareceu após a descoberta do continente americano. A broa é por isso um produto tardio. Nos tempos de míngua deitava-se mão à farinha de castanha e bolota. Confecionavam-se dois tipos de pão: o levedado ao qual se podia juntar carne fumada, azeitonas e frutos secos e o pão ázimo de origem judaica, sem fermento e por isso mais achatado.
O provérbio popular "Comida sem pão é comida de lambão" mostra que o pão tinha também a sua importância como acompanhamento, uma vez que a batata e as massas não eram conhecidas em Portugal. Além disso o prato na mesa era uma fatia redonda e grossa de pão que se ia ensopando e no fim do repasto, por vezes ensopado, era comido.

O Bacalhau

Existem notícias referindo que a introdução do bacalhau em Portugal se deve aos Vikings que navegavam até à zona de Aveiro para se abastecerem de sal. Nessas andanças introduziram o bacalhau seco, que comercializavam, nos hábitos da população residente. Podemos imaginar que alguns escandinavos tivessem ficado pela costa como comerciantes de sal e de peixe seco e depois tivessem começado com a salga e seca do bacalhau. Prova disso é o "Moliceiro", uma reminiscência do modelo de barco de carga viking chamado "Knorr". O "Knorr" tinha proa em bico elegante, fundo achatado para melhor se carregar e vela quadrada. A proa era pintada como o moliceiro com carantonhas para espantar os maus espíritos. A região de Aveiro tornou-se a partir daí não só uma importante base para as frotas da pesca, mas também para a seca do bacalhau.

A ligação dos portugueses ao bacalhau pode também ter sido influenciada pelo casamento em 1214 da filha de D. Sancho I, D. Berengária de Portugal, com o Rei Valdemar II da Dinamarca.

Sabe-se que desde tempos bem recuados o bacalhau ocupa grande relevo na alimentação escandinava.

A Berengária era irmã de D. Teresa, a abadessa do Mosteiro de Lorvão, um dos mais importantes de Portugal. Mais tarde foi ela própria a fundadora e abadessa do mosteiro cisterciense de Arouca – o necessário para que se colecionassem os manuscritos culinários sobre o bacalhau da Escandinávia. Nos dias santos de guarda, e havia imensos durante o ano, o bacalhau era a comida conventual por excelência, substituindo a carne.

O Açúcar

O açúcar, um produto asiático, vindo da Polinésia, era uma mercadoria extremamente cara como qualquer outra especiaria oriental da época. Um quilo de açúcar custava no séc. XV o equivalente ao preço de um cavalo ou a duas mesadas, portanto dois meses de ordenado. A população mais pobre usava o mel que existia em maior quantidade e deixava o luxo do açúcar para a nobreza e para os conventos.

O Infante D. Henrique importou canas-de-açúcar da Itália, onde elas existiam desde o império romano, e mandou-as plantar na Madeira, assegurando para si e para a Ordem de Cristo o monopólio nacional da produção e passando a vender o produto por toda a Europa, mas em especial para Inglaterra. Portugal foi naquele tempo um dos maiores produtores e exportadores de açúcar europeu. O uso do açúcar estava assim assegurado em Portugal a quem o podia pagar e a população abastada seguramente beneficiou da baixa do preço, aumentando o consumo do produto. Os portugueses levaram a cana açucareira para o Benim e depois ela acompanhou a escravatura para a América do Sul onde a cana passa a ser plantada. O Brasil é hoje o maior produtor mundial de cana-de-açúcar.

Sobre o vinho

A introdução da vinicultura em Portugal deve-se aos romanos que eram bons apreciadores do néctar dos deuses nas suas festas, celebrações e bacanais em honra de Baco.
A difusão da religião católica após o Imperador Constantino ter instituído a liberdade religiosa para os cristãos implicou que a Igreja fosse uma dedicada defensora do vinho, bebida usada na celebração da eucaristia e intimamente relacionada com Cristo. O vinho passou a ser uma das produções prediletas nos conventos e mosteiros cistercienses, estabelecidos em França, que levam as castas para as diferentes zonas europeias onde se estabeleceram. Assim se aperfeiçoou a cultura vinícola em Portugal.
Os povos das regiões mediterrânicas foram desde sempre muito dedicados ao vinho. O português não fez exceção e o consumo normal de um português medieval andaria entre 1 e 2 litros diários, embora o vinho das classes populares não fosse qualitativamente além da zurrapa, sendo muitas vezes já vinagre misturado com água. Se a qualidade melhorava, tratar-se-ia de uma última pisadela do bagaço que sobrava do vinho dos senhores. Assim se descobriu a água-pé. Também se lhe chamava "piqueta" que é um sinónimo de merenda. Efetivamente era hábito à merenda comer-se pão molhado em vinho, como era hábito beber vinho ao levantar e tornar a beber vinho antes de se ir para a cama. O vinho passou a ser um companheiro inseparável do português, servindo-lhe como alimento e como medicina. Pelo menos o vinho era mais saudável do que as águas inquinadas da época, causadoras da febre tifoide.
As práticas de fermentação não estavam aperfeiçoadas, não se usavam componentes químicas e o vinho dos nobres obviamente também azedava. Os produtores mais ricos procuravam minimizar esta fragilidade, misturando o vinho com mel ou açúcar, canela e amêndoas, por vezes também cravinho e erva-doce, dando-lhe depois uma *aquecedela*, sem ferver, a fim de o aguentar ou então para disfarçar algum "pico" já existente. A bebida, chamada "hipocraz", era preparada com partes iguais de vinho branco e vinho tinto e era normalmente servida às refeições. Esta preparação do vinho era usada em toda a Europa,

porém a sua origem parece estar no Languedoque, embora o nome sugira uma mistura similar muito mais antiga: a do "*vīnum Hippocraticum*" atribuído ao médico grego Hipócrates que a usava como medicamento.

Em 1285 o médico e cavaleiro templário valenciano chamado Arnaldo de Vilanova descobriu que, juntando álcool ao mosto, se conseguia a paragem da fermentação. Nasceu com este processo o vinho doce natural que podia ser guardado durante bastante tempo, sem se transformar em vinagre nem perder parte do seu açúcar natural. Esta descoberta revelou-se de importância crucial em Portugal, vindo a facilitar a preparação do Vinho do Porto e do Vinho da Madeira, os quais rapidamente passaram a ser consumidos por toda a Europa com os consequentes benefícios para as trocas comerciais. A jeropiga e muitos dos licores conventuais com base em fruta devem também a sua origem a esta descoberta.

Os hábitos à mesa

A mesa medieval não era uma mesa de pés fixos como hoje a conhecemos. Era uma prancha assente em cavaletes que se armavam especialmente para as refeições. Daí nasceu a expressão "pôr a mesa" ou seja "colocar a mesa em cima dos cavaletes". O pão para as refeições era cortado em fatias grandes e eram usadas como prato, sobre o qual se colocavam os alimentos a comer. O pão como base é continua a ser usado por todos nós quando comemos sardinhas assadas à beira do grelhador. São coisas que ficam. No fim da refeição, o pão estava ensopado no molho e era também comido.

A colher de pau servia para retirar sopas e guisados que eram servidos de um alguidar comum para as malgas ou tigelas. As carnes colocavam-se sobre uma tábua que servia duas pessoas e como talher usava-se uma faca e os três primeiros dedos interiores da mão. Um bocado de pão servia assim como "pá" para retirar os alimentos com mais molho da malga e levá-los à boca. O pão servia também para ensopar e para limpar a boca e os dedos, o que não era muito bem visto à mesa dos nobres que nesse tempo já tinham os seus preceitos. Como se vê além de acompanhamento o pão exercia uma função de instrumento ou

componente da refeição. Nasce assim a obrigatoriedade de "lavar as mãos antes de ir para a mesa".
A lista dos preceitos era vasta, estava escrita e a partir do séc. XVI quem quebrasse algumas dessas regras, como a regra de não se aliviar de gases à mesa, poderia ser penalizado. Vejamos algumas das recomendações exigidas à mesa dos nobres as quais quinhentos anos depois continuam a pertencer ao rol das boas maneiras:

Não começar a comer antes dos outros presentes.
Não comer atabalhoadamente, nem encher demasiado a boca.
Não falar nem beber com a boca cheia, nem comer com ela aberta.
Não roer os ossos nem os esgravatar com a faca.
Não se coçar com a mão, não arrotar nem se aliviar de gases.
Não limpar o nariz ao guardanapo ou à toalha da mesa. Se o limpar com os dedos, não voltar a mexer na carne nem no alguidar das comidas.
Não cuspir, nem vomitar.
Limpar a boca depois de beber.
Não colocar os cotovelos sobre a mesa.
Não se aproximar demasiado da dama da casa.
Não roubar comida do vizinho do lado mesmo que o bocado seja apetitoso.
Não palitar os dentes com a ponta da faca, nem levar comida à boca com ela.
Deixar sobras para os pobres. Estas eram distribuídas após a refeição à porta das cozinhas e eram um hábito sócio religioso. Ainda hoje é feio "lamber o prato".
Os ossos deitavam-se para o chão, debaixo da mesa e entre os pés, tendo o cuidado de não atingir os pés dos convivas ou as vestes longas das damas. O acto de atirar os ossos para trás das costas é de origem moderna, usado em filmes. A prática era porém corrente nas casas de pasto ordinárias onde havia animais vadios.

Os utensílios para a refeição

Além da faca que todos, incluindo as damas, traziam à cintura, usavam-se: a tábua onde eram cortadas as carnes, a escudela, malga de madeira para as sopas e as papas e a tigela em cerâmica – a malga. As colheres eram de madeira. O garfo que no princípio teve três dentes era recusado por estar associado ao tridente de Satanás e ser peça usada por bruxas e feiticeiros. Só reaparece na corte de Luís XIV depois de se ter tornado moda na Itália. Tinha então os quatro dentes que lhe conhecemos hoje. Para beber usava-se o vaso, o gral, a copa e o púcaro. A mesa era coberta por uma toalha e o guardanapo era um pano grande para proteger a roupa.

O material de cozinha

O material básico para a cozinha era composto por espetos de vários tamanhos, as sertãs, as chaleiras, as chapas para gofres, os tripés e as trempes, as tenazes, o almofariz, o ralador, peneiras e passadores e a famosa panela de três pés em vários tamanhos. Para o pão usavam-se as masseiras e às pás.
Nas casas nobres o cobre passou a ser o metal preferido para todo o utensílio de cozinha.

Os hábitos diários

O pequeno-almoço aparece no séc. XII copiando um hábito grego. Compunha-se de vinho, um naco de pão ou umas papas de centeio ou aveia.
Por volta das 9.00 horas comia-se mais abastadamente e aí aparece a palavra almoço (do latim *admorsa*). Esta refeição normalmente reservada aos nobres podia conter sopa, fruta e vinho. No campo seria mais natural comer-se a fruta do chão que estava reservada à classe baixa. A fruta do chão foi sempre e tradicionalmente grátis.

Seguia-se a merenda em que era apreciado o pão molhado em vinho, a "sopa de cavalo cansado" em que o "cavalo" seria provavelmente o trabalhador. Esta refeição, que poderia ser de caldo, podia chamar-se jantar em certas regiões.
Por volta das 18.00 horas era servida a ceia. Refeições ou qualquer evento à luz de archote estavam reservadas para as festas e banquetes da classe nobre. As pessoas deitavam-se cedo ou, no dizer popular, "com as galinhas", devido à ausência de luz em especial no inverno. Em casa se possível acendiam uma lareira que se ia apagando durante a noite, mas guardava umas brasas para se acender o lume no dia seguinte. A escuridão na Idade Média era um ambiente tenebroso ligado ao sobrenatural. Era hábito comer fruta e beber vinho antes do deitar, talvez para descansar o espírito e afastar os medos.

Ordem de entrada de pratos nos banquetes

Sopas, frutos secos
Peixe
Carne
Pastéis e empadas
Assados
Doçaria de colher
Queijo velho
Pastelaria

Acompanhado por muito vinho que não era proibido nos dias santos de guarda devido à aliança estreita entre o vinho e a eucaristia.

Produtos mais usados na cozinha nobre

Galinhas, patos, pombos e pássaros vários
Caça de toda a espécie
Carne seca e salgada
Mais carne de porco e pouca carne de vaca por ser mais rija
A carne de porco era geralmente assada e a de vaca cozida
Coelho e láparos, mas também ouriços
Manteiga de porco ou pingue ou banha derretida
Pescada, sardinha, bacalhau seco, liça e enguias
Caracóis, diferentes bivalves e caranguejos
Farinhas, arroz e couscous trazidos pelos árabes
Lentilhas, ervilhas, grão de bico e favas
Couves, alfaces, alhos e cebolas
Frutas secas, pinhões e nozes
Maçãs, peras, pêssegos, uvas, marmelos e limões
Ovos e mel
Chouriço ou linguiça, esta deixada cá pelos romanos
Leite para o queijo fresco e manteiga
Doçaria variada

A questão das especiarias

Criou-se no Portugal da ditadura a ideia nacionalista de que só após os Descobrimentos os condimentos chegaram à Europa com fartura. Todas as especiarias orientais eram suficientemente conhecidas no Ocidente. Durante séculos foram introduzidas na Europa pelos fenícios e pelos romanos. Mais tarde foram os cruzados e os mercadores italianos, os árabes e os judeus, que praticamente agarraram nos negócios do Oriente. Após a queda de Constantinopla o Islão impôs um bloqueio ao comércio do Oriente para o Ocidente. Os portugueses, informados por mouros e judeus em Ceuta, sabiam que havia "outros caminhos" e lançaram-se na procura dessas rotas até que finalmente chegaram à Índia por mar e repuseram o mercado global de muitas mercadorias tomando para si o monopólio de algumas especiarias. Muitas nações enfeitam-se com os louros dessa tarefa mas quem deu início ao comércio global moderno foram os portugueses. Lisboa passou a ser em pouco tempo o principal centro para o mercado do Oriente.

As especiarias tornaram-se extremamente caras, a quantidade rareou, mas o produto nunca desapareceu e era naturalmente cobiçado pelos lucros que criava. Eram um sinal de riqueza para quem as servia à sua mesa. A pimenta chegou a ser um aperitivo. A ideia diletante de que se temperavam demasiado as carnes para lhe subtrair o sabor de algum apodrecimento é absurda. Ninguém gastaria uma avultada quantia para temperar carne ou caça meio podre. É mais provável que com as especiarias se tentasse restringir o sabor salgado. O sal era o principal conservador de produtos orgânicos.

A origem dos Descobrimentos baseou-se assim na necessidade de encontrar riqueza para um país pobre. A solução encontrada foi restabelecer o comércio dos produtos do Oriente e furar o embargo islâmico. O ouro veio por acrescento.

Os produtos mais exóticos em termos gastronómicos aparecem depois da descoberta do continente americano. É o caso do cacau, do milho, do feijão, do tomate, do pimento, da malagueta e da batata, entre outros. O peru é também uma destas novidades que veio para ficar.

Devido a esse esforço temos hoje o mercado repleto de tudo o que há pelo Mundo e, se mais houvesse, certamente lá andaria um português a tentar o negócio. Alguma mercadoria continua a ser bem cara. Um quilo de boa pimenta em grão custa hoje ao consumidor uma quantia superior a 20 euros.

Condimentos a usar

Açafrão (caro) ou Açafrão das Índias (condimento barato)
Alhos
Coentros frescos
Cravinho
Gengibre fresco
Hortelã
Louro
Manjerona ou Rosmaninho
Noz-moscada
Orégão
Pimenta moída em almofariz
Salsa
Tomilho
Toucinho fumado

O Cheiro-verde: é uma mistura de salsa, cebolinho, coentro e hortelã picadinhos.

O Verjus ou Vert-jus: é o suco extraído de uvas ainda verdes que são, espremidas. Depois o suco era fervido e passado. Era usado em vez do vinagre e do agraz como tempero para vegetais antes de os cruzados trazerem as laranjas, que eram azedas, e os limões para o ocidente. Só mais tarde devido a um cruzamento a laranja se tornou mais doce. Quando voltou ao Médio Oriente passou a chamar-se *"bortoqaal"* em árabe e turco. Na Grécia uma laranjada chama-se hoje uma *"portukalata"*.

> Não havendo indicação em contrário, as quantidades indicadas são quantidades para a mesa de nobres e destinam-se a servir quatro pessoas. Hoje poderão servir seis ou mais devido a acompanhamentos diversos e a uma certa moderação.

Entradas e Sopas
Caracóis

½ kg de caracóis, mantidos 2 dias em jejum num recipiente tapado para se purgarem de substâncias tóxicas
2 c. sopa de azeite
4 dentes de alho picadinhos
1 raminho de tomilho, rosmaninho ou orégão
Sal e pimenta

1. Lave os caracóis em água com sal até deixarem de espumar.
2. Coloque-os num tacho com as ervas, o alho e o azeite, tape e deixe estufar um pouco. Depois, junte-lhes água suficiente, sal e pimenta e deixe-os cozer durante 10 minutos em lume brando.
3. Retire-os com uma escumadeira e sirva.

Maçapão à antiga

O maçapão era servido como aperitivo como hoje o são os salgados.
1 kg de açúcar
Água de flor de laranjeira
1 kg de amêndoas peladas e raladas

1. Faça uma calda grossa com o açúcar e água e adicione-lhe algumas gotas de água de flor de laranjeira. Logo que a calda atinja o ponto de espadana (cerca de 3 minutos), junte as amêndoas, envolvendo tudo muito bem.
2. Tire o tacho do fogo (mexendo sempre a mistura), acrescente-lhe uma colher de sopa mal cheia e peneirada de farinha de trigo e continue a mexer para que a massa fique bem fofa.
3. Leve o tacho novamente a fogo brando.
4. Para saber o ponto de cozimento, coloque um pouco na mão e role. Se estiver bem ligada, a massa está cozida.
5. Tire o tacho do fogo e ponha a massa numa tigela de louça para arrefecer um pouco. Molde os bolinhos com a palma da mão.

Maçapão para consumo rápido

1 kg de açúcar
1 gole de sumo de limão
1 kg de amêndoas peladas e raladas
2 claras de ovo

1. Misture o açúcar e as amêndoas raladas numa tigela. Acrescente o sumo de limão e as claras para obter a massa.
2. Trabalhe a massa numa superfície polvilhada de açúcar em pó até amolecer. Embrulhe num pano e guarde num lugar fresco.

Manjar branco

1 peito de galinha
250 g de farinha de arroz
¼ l de leite de amêndoa – ver na pág. 28
¾ l de leite
100 g de açúcar
1 gole de vinagre
Gengibre raspado
Cravinho pisado num almofariz
1 pau de canela
Passas para decorar

1. Cozinhe o peito de galinha em água e sal, até o poder desfiar.
2. Num tacho deite os ¾ litros de leite, adoçado o açúcar. Ao leite junte o peito de galinha desfiado, o leite de amêndoa, a farinha de arroz, as especiarias e uma pitada de sal.
3. Leve tudo ao fogo brando, mexendo sem parar. Quando o creme estiver quase cozido, prove-o para ver se necessita de mais um pouco de açúcar. Depois de pronto retire o tacho do fogo, continuando a bater o creme por mais alguns minutos. Retire o pau de canela.
5. Sirva em tigelinhas, polvilhe com açúcar e, se desejar, junte-lhe algumas passas para decorar.

Pastéis de carne

Para a massa:
250 gr de farinha
1 colher de sopa de banha
1 ovo
1,5 dl de água
Sal

1. Peneire a farinha para uma malga e junte a gordura derretida, o ovo e a água morna previamente salgada. Amasse tudo bem, mas ligeiramente, para a massa depois não quebrar.
2. Cubra a massa com um pano e deixe-a a descansar durante 1 hora em sítio aquecido.
3. Entretanto confecione o recheio.

Para o recheio:
500 g de carneiro ou lombo de porco fresco
1 fatia de toucinho de fumeiro
Sal, cravinho, açafrão, pimenta, gengibre e coentros
Sumo de limão
2 c. sopa de azeite
1 cebola média, picadinha
1 gema de ovo para pincelar ou farinha para passar

1. Pique a carne e o toucinho muito bem. Junte a este picado todas as especiarias.
2. Faça um refogado, ao qual se juntam a carne e o toucinho. Cozinhe em fogo brando, mexendo até o picado mudar de cor.
3. Depois de pronto deixe esfriar e faça os pastéis, bem recheados, como se indica.

Feitura dos pastéis:
1. Estenda a massa com um rolo e vá polvilhando a mesa com farinha para a massa não agarrar.
2. Coloque bolas de recheio em linha ao meio da massa.

3. Cubra as bolas com uma aba da massa de maneira a deixar uns centímetros de espaço para poder colar bem os extremos de ambas as camadas de massa.
4. Com a ajuda de uma malga (tigela) virada ao contrário corte a massa em meias luas. Se o sítio de corte não aderir bem, recorra à ajuda de clara de ovo para pincelar os extremos da massa.
5. Pincele os pastéis com gema de ovo e leve-os a assar em forno quente ou passe-os por farinha e frite-os em azeite até a massa fazer bolhas.

Leite de amêndoa

O leite de amêndoa era muito usado na época medieval como substituto do leite de vaca e de cabra quando os não havia e era usado nos dias santos de guarda quando os produtos animais eram proibidos. Também tinha a vantagem de não azedar. O seu uso estendia-se desde as sopas às sobremesas e também era usado para fazer esparregado e outras papas e purés.

4 chávenas de água
1 chávena de amêndoas raladas ou então demolhar as amêndoas inteiras durante 4 horas, dar-lhe uma cozedura rápida, descascá-las e pisá-las num almofariz
1 pitadinha de sal

1. Colocar as amêndoas raladas numa misturadora ou pisá-las com pouca água até formar uma massa fluida.
2. Coloque a massa obtida num pano de linho como o usado para a confeção de queijo, feche-o com as pontas e vá humedecendo e espremendo a bola para um recipiente até obter o leite de amêndoa.

O caldo verde antigo

250 g de couve portuguesa ou galega
A parte branca de um alho francês
1 ramo de salsa picado
1 cebola, picadinha
1-2 dentes de alho
1 folha de louro e 1 cravinho moído
Sal e pimenta
1 c. sopa de banha ou 2 de azeite
3 boas fatias de paio ou de bom chouriço por prato.
Farinha dissolvida em leite para engrossar

1. Lave e migue a couve, a salsa e corte o alho francês em rodelas fininhas.
2. Coza todos os ingredientes e especiarias menos a couve e os enchidos em água com sal.
3. Retire o louro e passe tudo por um passador. Mexa este puré no caldo e deixe levantar fervura.
4. Junte a couve ao caldo, a farinha dissolvida em leite, mexendo bem, e a banha. Deixe cozer mais 20 minutos até a couve cozer e o caldo engrossar.
5. Coloque três fatias de paio em cada prato e, se desejar, um fio de azeite.
6. Sirva com pão de centeio.

Mais tarde a chegada da batata, do colorau e do milho modificou a confeção do caldo verde para se tornar naquilo que hoje conhecemos.
Quanto aos enchidos é muito provável que fossem substituídos por uma fatia fina de toucinho.

Sopas de peixe

5 postas de bom peixe
3 cebolas médias cortadas em quartos
3 dentes de alho picados
1 dl de azeite
1 folha de louro
1 porção de salsa picada
1 pitada de orégão
1 copo de vinho branco
Sal e pimenta
Fatias de pão de centeio
1 c. sopa de cheiro-verde picado (salsa, coentro e hortelã)

1. Faça numa panela um estrugido (refogado) com o azeite, a cebola e o alho. Junte-lhe a salsa, o louro, o orégão, o sal e a pimenta. Deixe estufar um pouco, mexendo.
2. Junte-lhe um copo de vinho branco. Depois encha com água e deixe levantar fervura. Introduza o peixe na panela.
3. Retifique os temperos ao seu gosto e deixe cozinhar durante 10 a 15 minutos.
4. Entretanto coloque em cada tigela umas fatias de pão.
5. Retire o peixe cuidadosamente para não o desmanchar e coloque uma posta em cada tigela sobre o pão.
6. Regue com o caldo e salpique com o cheiro-verde.

Saber antigo:
Querendo refinar a sopa e fazer dela uma refeição, escalfe quatro ovos em caldo coado, a que juntou um gole de vinagre. Sirva um ovo por prato.

Caldo de galinha com nabos

Caldo de cozer uma galinha
1 peito de galinha desfiado
2 nabos
Hortelã
Cubos de pão
Sal

1. Use o caldo onde cozeu uma galinha até esta se separar dos ossos, passe-o por um passador fino, leve ao lume e coza dentro os nabos cortados em tiras finas e umas folhas de hortelã.
2. Sirva com cubos de pão e a carne do peito da galinha desfiado. É um excelente caldo!
3. Com o resto da galinha confecione uma tigelada de galinha.

Saber antigo:
É um excelente remédio contra gripes e males de barriga.

Sopa de grão com cenoura

250 g de grão-de-bico, demolhado durante uma noite
4 cenouras médias, cortadas em cubinhos
1 cebola média, descascada com 3 cravinhos espetados
1 cebola, picadinha
1 c. sopa de azeite
1 pitada de açafrão

1. Coza o grão e a cebola espetada em água com sal numa panela até o grão estar cozido. Retire os cravinhos da cebola e pise tudo num passador para a água da cozedura. Mexa e deixe levantar novamente fervura.
2. Numa outra panela estufe no azeite a cebola picada, a cenoura e o açafrão. Junte-lhe o caldo de grão antes preparado. Prove de sal e deixe ferver por mais 10 a 20 minutos.

Sopa de beldroegas com poejo

2 molhos de beldroegas. Escolha as folhas.
6 dentes de alho laminados
4 c. sopa de azeite
4 ovos
2 cabeças de alho inteiras, bem limpas
2 queijos de cabra ou de ovelha secos, cortados em cubos
½ kg de pão caseiro dormido*, cortado em fatias
Poejos (era uma das ervas usadas pelos druidas)

1. Refogue os alhos no azeite e retire-os antes que se queimem.
2. Junte as folhas das beldroegas bem lavadas e o poejo e deixe também refogar, mexendo sempre.
3. Acrescente 1,5 l de água, tempere com sal e deixe ferver.
4. Após levantar fervura, junte-lhe as cabeças de alho inteiras e deixe reduzir um pouco o caldo. Baixe o lume.
5. Junte os queijos. Retifique o sal.
6. Escalfe no caldo os ovos, abrindo-os à superfície do caldo.
7. Coloque as fatias de pão em tigelas de barro, regue-as com o caldo a ferver.
8. Distribua os bocados de queijo e as beldroegas pelas tigelas e ponha um ovo em cada uma.

* De véspera

Peixes

Sardinhas de escabeche/cebolada

12 sardinhas pequenas*
Farinha
Azeite para fritar

1 cebola grande cortada em rodelas finas
2 c. sopa de azeite
1 dente de alho picadinho
1 copo de vinho branco
1 copo de vinagre
1 folha de louro
1 cenoura cortada em palitos finos
Sal e pimenta
1 raminho de salsa picado

*Segure o peixe virando-o com a barriga para cima. Para o amanhar, agarre-lhe nas guelras e puxe-as na direção da cauda. Lave em água corrente.
1. Salgue as sardinhas e enfarinhe-as dentro de um recipiente. Retire-as e sacuda-as para as aliviar de excessos de farinha.
2. Frite as sardinhas em azeite bem quente. Depois, retire-as e deixe-as escorrer.
3. Core levemente as rodelas de cebola em 2 c. sopa de azeite. Junte-lhe o alho, a cenoura e o louro. Tempere com o vinho branco e o vinagre e deixe cozer em lume brando durante ¼ de hora. Ajuste os temperos ao seu gosto. Junte a salsa ao molho.
4. Regue as sardinhas com o molho e deixe-as arrefecer num lugar fresco no mínimo durante algumas horas. Sirva de preferência no dia seguinte.

Saber antigo:
É um excelente remédio popular para redimir ressacas.

Trutas lardeadas

4 trutas amanhadas e limpas
Algumas fatias finas de toucinho
Banha de porco ou azeite para fritar
1 raminho de salsa
Manteiga
Amêndoas laminadas
Azeitonas
Limões
Sal e pimenta

1. Amanhe as trutas e tempere-as com sal, pimenta e sumo de limão por fora e por dentro. Meta-lhes a salsa nas barrigas. Enrole-as com as fatias de toucinho. Prenda o toucinho com uma linha. Frite-as em lume brando na gordura escolhida.
2. Aloure as amêndoas em manteiga.
3. Coloque as amêndoas sobre as trutas e acompanhe com azeitonas, oitavos de limão e nabiças cozidas regadas com azeite.

Ensopado de eirós

1 kg de eirós, cortadas em bocados de 6-7 cm
1 dl azeite
3 dentes de alho
250 g de amêijoas lavadas e escolhidas
0,5 kg de cebolas, cortadas em rodelas
1 folha de louro
0,5 l de vinho tinto
Sal e pimenta

1. Faça um refogado com o azeite, as cebolas e o alho.
2. Junte o louro, o sal e a pimenta, um pouco de água e deixe cozer durante 5 minutos.
3. Junte o peixe, as amêijoas e o vinho. Coze destapado em lume brando, durante 15 a 20 minutos.
4. Sirva sobre fatias de pão caseiro.

Carpa assada em forno de lenha

As carpas são um peixe de água doce bastante gordo por baixo da pele. Se não gostar use em vez da carpa outro peixe de rio como a liça, ou fataça ou peixe de mar mais apetecível.

1 pargo ou dourada com cerca de 1,5 kg ou 4 peixes mais pequenos
3 cebolas grandes cortadas em rodelas
5 dentes de alho laminados
1 dl de azeite
1 copo de vinho branco
4 folhas de louro
1 ramo de salsa
Açafrão das Índias
Sal grosso e pimenta

1. Limpe e escame o peixe ou peça ao vendedor que o faça. Dê-lhe 1 ou dois golpes laterais, oblíquos. Tempere de sal por dentro e por fora. Introduza metade do alho nos cortes e o resto do alho e metade da salsa na barriga do peixe.
2. Faça uma cama com 2/3 das rodelas de cebola numa assadeira, regue com um pouco de óleo e deite o peixe sobre a cebola. Entretanto aqueça o forno a 175°C se não tiver forno de lenha.
3. Tempere o peixe com pimenta e açafrão das Índias a gosto. Deite por cima o louro partido, o resto da cebola e da salsa e regue com o resto do azeite. Deite o vinho em volta do peixe. Leve ao forno quente a assar. Durante a assadura vá regando o peixe com o molho que se forma.
4. Sirva diretamente da assadeira.
5. Acompanhe com espinafres cozidos temperados com azeite.

Bacalhau ou peixe seco assado no borralho

4 postas de bacalhau ou peixe seco demolhado durante 1-2 dias
4 fatias de toucinho
1 couve-galega ou portuguesa
4 cebola às rodelas
Alho picado
Azeite
Sal e pimenta
2 telhas de barro "meio canudo"

1. Prove o bacalhau de sal para ver se necessita de o salgar.
2. Embrulha-se o bacalhau junto com o toucinho, a cebola e o alho na couve-galega ou portuguesa. Deitam-se umas gotas de azeite para não secar muito. Ata-se e coloca-se no meio de uma telha de "meio-canudo" coberta com outra telha, ambas molhadas.
3. Leva-se ao forno ou às brasas do borralho e deixa-se assar durante uma meia hora a 3/4 de hora conforme o calor.
4. Serve-se com a fatia de toucinho sobre o bacalhau e este sobre a couve e o conjunto é regado com bom azeite.

Papas com lingueirão

Farinha de centeio q.b.
12 lingueirões médios
50 g de toucinho entremeado, cortado em bocadinhos
2 c. sopa de azeite
sal

1. Dê uma cozedura ao lingueirão em suficiente água com sal. Depois retire-o, guarde a água da cozedura e deixe arrefecer.
2. Frite o toucinho no azeite até ficar lourinho.
3. Deite farinha num recipiente, leve ao lume e junte suficiente água de cozer o lingueirão, mexendo para não agarrar. Junte o toucinho e o azeite e coza mexendo até as papas engrossarem.
4. Estando pronto, junte-lhe o lingueirão sem cascas, cortado ao meio. Querendo, regue as papas com um fio de vinagre.

Liça, tainha ou fataça

1 liça com 1 a 2 kg ou vários peixes mais pequenos
1 marinada feita com o seguinte:
Vinho branco, 1 c. sopa de orégãos, rodelas de limão, louro, sal e alhos pisados
Pão caseiro dormido

1. Corte o peixe em fatias oblíquas e deixe-as na marinada de um dia para o outro.
2. Frite-as em azeite bem quente.
3. Acompanhe com migas ou açorda.

Conselho para as migas:
Veja a receita da pág. 61. Use a marinada do peixe para amolecer o pão na sertã e não use o toucinho nestas migas.

Enguias fritas

1 kg de enguias amanhadas e enxutas
Farinha de trigo
2 ovos batidos
Sal
Azeite para fritar

1. Lavam-se bem as enguias e enxugam-se com um pano. Se forem grandes, cortam-se em bocados de 7-8 cm de comprimento.
2. Salgam-se numa tigela.
3. Passam-se uma a uma pela farinha e pelo ovo.
4. Fritam-se no azeite.
5. Acompanham-se com legumes salteados.

Lampreia

Esta é a receita medieval que também aparece no livro da infanta D. Maria.
Mais tarde aparece a confeção com o sangue da lampreia. Em vez de água adiciona-se-lhe vinho tinto e no fim da cozedura é cozido arroz no molho, dando-lhe um aspeto de cabidela de lampreia.

1 lampreia
3 c. sopa de azeite
1 cebola picada muito fininho
8 dentes de alho inteiros
1 gole de vinagre
Cravinho de cabeça
1 pitada de açafrão
Gengibre ralado
1 folha de louro
Sal e pimenta
1 ramo de salsa picado
1 ramo de coentros picado

1. Escalde a lampreia em água a ferver, raspe-lhe a pele com uma faca, tire-lhe as vísceras e dê-lhe uns golpes na substância.
2. Coloque-a enrolada, numa caçoila de barro e tempere-a com o azeite, o alho, a cebola, o louro e o sal.
3. Deixe-a em repouso por umas horas. Depois leve a caçoila ao lume e deixe-a refogar de ambos os lados em lume brando.
4. Depois de bem refogada, deite-lhe um pouco de água com o vinagre, o cravo, a pimenta, o açafrão e o gengibre.
5. Cozinha em fogo lento de preferência sobre brasas.
6. Depois do molho engrossar, polvilhe com a salsa e o coentro.

Carnes e aves
A Tigelada

Esta não é a tigelada servida hoje como sobremesa na região centro. Na época medieval tudo o que se confecionava numa tigela no forno era uma "tigelada". Primeiro usou-se o pão como base, mais tarde a massa quebrada que se passará a usar também para as empadas. A fantasia ditava o preparo. Podia-se mesmo preparar tigeladas de coelho, galinha ou outro produto alimentar, que levavam também açúcar e muitos ovos.

Tigelada de perdiz

2 perdizes, bem limpas, prontas a cozinhar
1 fatia de toucinho
Salsa picada
Rosmaninho ou manjerona
450 g de açúcar
Água de flor de laranjeira
6 de gemas de ovos bem frescos. Lave bem os ovos antes de os partir.
Fatias finas de pão caseiro duro
Sal e pimenta

1. Cozem-se as perdizes com uma fatia de toucinho, sal e as ervas. Em seguida cortam-se as perdizes em quartos.
2. Faz-se uma calda, não muito grossa, com o açúcar, ¼ l de água e algumas gotas de água de flor de laranjeira. Nessa calda colocam-se fatias de pão, tirando-se a vasilha do fogo logo que levantar fervura.
3. Vai-se levando ao lume amiudadas vezes até que a calda esteja bem grossa.
4. Faz-se uma gemada com a meia dúzia de gemas e açúcar.
5. Forra-se uma forma com as fatias de pão que estão na calda, coloca-se sobre elas a perdiz e rega-se com a gemada doce.
6. Vai ao forno até criar uma leve crosta.

Codornizes de escabeche/cebolada

4 codornizes, prontas a cozinhar
50 g de banha
2 dentes de alho
1 pitada de tomilho
Sal e pimenta

Para o escabeche:
1 cebola grande cortada em rodelas finas
1 c. sopa de azeite
1 copo de vinho branco
1 copo de vinagre
1 folha de louro
Sal e pimenta

1. Corte as codornizes ao meio no comprimento, tempere-as de sal e pimenta. Frite numa sertã as metades na banha juntamente com o alho e o tomilho. Logo que o alho comece a escurecer, retire-o para não queimar. Depois de fritas, ponha as codornizes de lado.
2. Junte o azeite ao molho. Core levemente as rodelas de cebola nesse molho. Junte-lhe o louro. Regue com o vinho branco e o vinagre, desprenda o fundo da sertã, mexendo o molho com uma colher de pau. Junte um pouco de água. Deixe cozer em lume brando durante ¼ de hora. Ajuste os temperos ao seu gosto.
3. Regue as codornizes com o molho, tape-as e deixe-as arrefecer num lugar fresco durante algumas horas. Sirva-as no dia seguinte, de preferência frias.

Capão assado

1 capão (galo capado), pronto a cozinhar
Para a marinada:
2 limões cortados em rodelas
1 c. sopa de sal grosso
Cerca de 2 litros de água
Pasta para barrar. Misture bem:
150 g de banha derretida ou 1 dl de azeite
8 dentes de alho picadinhos
3 c. sopa de rosmaninho
½ colher de pimenta
Sumo de meio limão
1 c. sopa de sal grosso
1 c. sopa de mel
Para o molho:
1 c. sopa de farinha, dissolvida num pouco de água
1 raminho de salsa picada

1. Ponha o capão durante a noite na marinada. No dia seguinte, enxugue o capão e barre-o por dentro e por fora com a pasta. Deixe-o descansar durante uma hora. Aqueça um forno a 200°C.
2. Leve o capão ao forno numa assadeira rodeada com um pouco de água, deitado de lado e deixe-o assar durante ½ hora. Depois vire-o para o lado contrário e asse-o mais ½ hora. Finalmente com o papo para cima asse-o um bom ¼ de hora. Nesta volta pincele-o bem com mel aquecido mexido em água. A meio da assadura regue com o molho que se forma na assadeira. Se o molho secar, regue com vinho branco e junte água à assadeira.
3. Depois de assado, retire o capão e desprenda o fundo da assadeira com um pouco de água. Passe o molho para uma caçarola. Engrosse o molho com a farinha dissolvida e deixe levantar fervura. Junte-lhe a salsa mexendo. Sirva acompanhado de qualquer couve cortada fininha e estufada.
Saber antigo:
Um capão velho pode demorar mais tempo a assar. Para não o queimar, cubra-o com folhas de couve na fase final.

Galo caseiro de cabidela

Se for o leitor a matar o galo, guarde o sangue e não se esqueça de lhe pôr um gole de vinagre para que não coalhe. Prepara-se a cabidela com arroz, cereal que na época era um privilégio dos nobres. Se não houvesse arroz comia-se com pão, retirando a cabidela de um alguidar colocado ao centro da mesa.

Receita para 6 pessoas
Um galo ou galinha caseiros com cerca de 2,5 kg do qual se aproveita o sangue da matança para uma tigela a que se junta o vinagre.
3 cebolas, cortadas em quartos
4 dentes de alho pisados
1 chouriço, cortado em rodelas
1 dl de azeite
2 folhas de louro
Vinho branco q.b.
2 c. sopa de salsa picada
Manjerona
Cravinhos de cabeça q.b.
Sal e pimenta
Arroz

1. Use uma panela ou tacho grande. Corte o galo aos pedaços não muito pequenos e frite-os levemente no azeite. Tempere de sal e pimenta.
2. Junte-lhe o alho, a cebola, a manjerona, o cravinho e o louro e vá mexendo até a carne mudar de cor.
3. Regue com o vinho. Junte-lhe água quente até cobrir. Retifique os temperos. Deixe cozinhar durante 1 a 1½ hora. Galo velho leva mais tempo e tem de se ir provando a consistência. Depois retire o galo e mantenha-o quente.
4. Junte o arroz e o chouriço ao caldo e deixe cozer durante 10 a 12 minutos.
5. Junte a mistura de sangue-vinagre, a salsa e o galo de volta ao molho. Misture tudo bem, dê-lhe uma fervura rápida e sirva. O arroz deve ficar bem aguado.

Lacão de javali ou de porco assado

2 lacões de javali ou porco, com a pele cortada em losangos
4 dentes de alho picadinhos
1 c. sopa de manjerona
2 c. sopa de banha de porco
Sal e pimenta
2,5 dl de vinho branco (no porco) ou tinto (no javali)
1 c. sopa azeite
4 dentes de alho inteiro
2 gemas
1 limão

1. Dê uma cozedura rápida (5 min.) aos lacões em água com sal.
2. Entretanto, aqueça o forno a 220°C. Misture as especiarias com a banha derretida. Retire os lacões da água, deixe-os arrefecer e barre-os com a mistura. Guarde a água da cozedura.
3. Leve os lacões ao forno até que a pele estale (pode demorar até 2 horas conforme o tamanho) virando-os várias vezes e regando com o molho que se vai formando. ½ hora antes do final da assadura regue com o vinho em vez de molho.
4. Após a assadura guarde os lacões em sítio quente. P. ex. à boca do forno.
5. Prepare o molho. Frite o alho inteiro no azeite e retire-o antes que se queime.
6. Desprenda o fundo da assadeira com ¼ litro de água da cozedura, passe este molho por um passador.
7. Junte-lhe o azeite onde fritou o alho e deixe levantar fervura. Retire do fogo e ligue o molho com as duas gemas, mexendo rapidamente. Não leve mais ao lume. Se desejar pode retificar o molho com sumo de limão e uma boa pitada de pimenta.

O cozido misto

O cozido foi em todos os tempos o prato nacional n° 1 dos portugueses. Era possivelmente um hábito suevo. Remonta ao tempo em que cozinhar era meter tudo na panela. Depois foi-se refinando. Passou para a mesa do nobre sendo hoje a comida por excelência para uma festança ou reunião de família e amigos.

Receita para 6 pessoas
1 kg de carne de vitela
500 g de entremeada tomada de sal
1 kg de chispe e 2 orelhas de porco tomadas de sal
1 frango amanhado
1 chouriço de carne, 1 farinheira, 1 morcela de porco
6 cenouras inteiras
4 nabos cortados em quartos
1 couve lombarda limpa e cortada em quatro
1 couve repolho cortado em quartos
1 couve-galega
250 g de arroz pré-lavado
Nunca junte ao cozido outros temperos, nem caça ou miudezas.

1. Lave a entremeada, a orelha e os chispes muito bem para lhe retirar a salmoura.
2. Coza as carnes durante 2 horas cobertas de água e temperadas com sal e pimenta. Numa panela de pressão coza 1 hora. Retire as carnes depois de cozidas, passe o caldo pelo passador para uma panela grande e ponha uma parte do caldo quente de parte para nele cozer o arroz.
3. Coza os legumes, o chouriço e a morcela no resto do caldo. Só no fim deve juntar a farinheira para esta não rebentar.
4. Coza o arroz durante 12 minutos em ½ l do caldo que guardou.
5. Coloque as carnes e os enchidos no caldo da cozedura dos legumes para os aquecer.
6. Numa travessa disponha as carnes cortadas aos bocados e os chouriços cortados em fatias grossas, tudo rodeado pelos legumes. Regue com caldo bem quente. Sirva o arroz à parte.

Couvada com porco de salgadeira

1 kg de carne de porco
500 g de entremeada, tomada de sal
2 pés de porco, limpos e cortados em dois
1 osso de presunto ou de perna de porco
2 chouriços de carne
1 morcela
50 g de banha
4 nabos, cortados em quartos
2 couves repolho grandes, cortadas ao meio
4 cenouras
1 pitada de cominhos

1. Num tacho grande, derreta a banha e core nela o osso e a entremeada. Encha com água e coza todas as carnes sem os enchidos e sem sal, durante 45 min. a 1 hora.
2. Depois junte-lhe os legumes, os enchidos e os cominhos e ferva até cozerem durante aproximadamente 20-30 minutos. Prove e retifique o sal do caldo.
3. Retire as carnes, corte-as aos bocados e coloque-as numa travessa. Rodeie com os legumes e sirva bem quente.
4. O osso, que neste caso é considerado como tempero, fica sempre no caldo da panela.

Caldo de Couvada

Depois da refeição junte os restos da travessa ao caldo da panela, adicione-lhe um ramo de hortelã, deixe ferver durante uns minutos e sirva o caldo como sopa de carne.

Picos de matança fritos

Os picos ou rojões comiam-se após a matança do porco depois das papas. São bocados de carne que sobram e se fritam em banha. Como as matanças hoje são raras, pode-se improvisar um método para poder preparar os picos.

2,5 kg de carne porco, cortada em bocados
8 dentes de alho, picados
1 c. sopa de orégão
1 c. sopa de vinagre
1 chávena de azeite
6 folhas de louro
Pimenta em grão, moída
1 kg de banha para conservar

1. Preparar uma pasta com o azeite e os condimentos. Barrar os bocados de carne com ela.
2. Ponha a carne num tacho ou tigela de barro e guarde num sítio fresco durante 2 a 3 dias. Pelo meio, mexa a carne algumas vezes no tempero.
3. Ao fim desse tempo, dê uma fritada rápida à carne em banha bem quente. Guarde novamente no tacho ou tigela que entretanto lavou e distribua o louro pelo meio da carne.
4. Derreta o resto da banha e regue a carne até os rojões estarem cobertos. Cubra com papel vegetal e guarde num sítio fresco* onde se conservam bastante tempo.
5. Vá usando à medida da necessidade, fritando-os na banha onde estão conservados. Só agora os deve temperar de sal.
6. Sirva com gomos de limão e azeitonas.

Conselho: Nos dias de hoje, junte aos condimentos iniciais massa de pimentão que na altura não existia na Europa. Dá aos rojões um sabor mais acentuado.

*Claro que o sítio fresco hoje, em especial no Verão, será o frigorífico.

Queijo de cabeça de porco - Cabeça de Xara

½ cabeça de porco de salmoura, sem miolos
Sal grosso
Pimenta em grão q.b.
Folhas de sálvia
Vinho do Porto
2 folhas de louro
Fatias finas de toucinho fumado
Uma forma retangular

1. Lave muito bem a cabeça e coza-a durante 2 horas com a sálvia. Desosse a carne, corte em pedacinhos e misture com a pimenta. Passe o caldo por um pano e guarde-o.
2. Forre a forma com as fatias de toucinho. Coloque o louro no fundo. Encha a forma até ¾ da altura com a carne, tempere com o Porto e encha a forma com o caldo. Leve ao forno (190 °C) em banho-maria durante 1 hora. Retire e deixe esfriar e solidificar antes de cortar às fatias para servir.

Chanfana de cabra velha

Carne gorda de cabra velha cortada aos bocados
1 garrafa de bom vinho tinto
2 cabeças de alho cortadas horizontalmente
4 folhas de louro
Sal e pimenta

1. Coloque a carne numa caçoila de barro do tipo Molelos.
2. Tempera-se com o sal, a pimenta, as cabeças de alho e o louro. Cobre-se com o vinho tinto.
3. Vai ao forno de lenha, previamente aquecido, onde assa cerca de 4 horas. A boca do forno deve manter-se vedada.
4. Geralmente, a chanfana confeciona-se na véspera de ser consumida. Assim, deixa-se ficar no forno fechado, onde vai assando lentamente até à hora de ser servida. É este o segredo.
5. Serve-se com grelos cozidos, regados com bom azeite.

Cabrito assado

1 cabrito (3 a 5 kg)
10 dentes de alho
1 dl azeite
2 folhas de louro
1 ramo de salsa
1,5 colher de sopa de banha de porco
0,5 l vinho branco maduro
1 c. sopa de cominhos
4 cravinhos
rosmaninho ou alecrim
Sal e pimenta

1. Limpe bem o cabrito. Conte que pode demorar algum tempo. Corte-o em bocados.
2. Misture todos os ingredientes num recipiente, leve ao lume até ferver e depois deixe arrefecer esta marinada.
3. Arrume os bocados de cabrito num caçoilo de barro e regue-o com a marinada. Aí ficará tapado durante uma noite.
4. Aqueça previamente o forno e leve o cabrito a assar lentamente numa assadeira. Vá virando as peças e regando com o molho.

Limpar o carneiro

Há quem não aprecie esta carne por causa do odor e sabor característicos que o sebo (bodum) lhe dá, devido ao animal não ser capado. O sabor torna-se menos intensivo se limpar bem as carnes de peles, nervos, glândulas, sebos e tendões, uma prática antiga pertencente aos hábitos religiosos judaicos de preparar o carneiro.
Se for criador mande capar um par de carneiros e crie-o para os comer mais tarde. Depois de capados chamam-se capões. Cozinhe como na receita anterior.

Tripada medieval – Dobrada

Esta receita data de 1384 e deve-se ao facto de os Portuenses terem dado toda a carne para a frota que, chefiada por Rui Pereira, veio em auxílio de Lisboa, cercada por D. João I de Castela. 30 anos depois um Mestre Vaz repetiu a generosidade dos Tripeiros, aquando da expedição a Ceuta, prometendo ao Infante D. Henrique que prepararia as naus da mesma maneira, ficando o Porto reduzido a comer apenas as miudezas. Naquele tempo não havia feijão na Europa. Pode-se substituir por lentilhas para garantir uma certa genuinidade da preparação.

Receita para 6 pessoas
1 kg de dobrada de vitela (compreendendo folhoso e favos) cortada às tiras de cerca de ½ cm de largura e 5 de comprimento
150 g de chouriço de carne
2 pés de porco cortados ao meio
150 g de orelheira
150 g de toucinho entremeado
150 g de aparas da cabeça de porco
1 frango ou meia galinha
2 cenouras
2 cebolas grandes cortadas aos gomos
1 ramo de salsa picada
1 folha de louro
Cominhos, sal e pimenta

1. Lavam-se as tripas muito bem e esfregam-se com sal e limão.
2. Cozem-se em água com sal e cebola. Descarta-se esta água.
3. Noutro recipiente faz-se um refogado com as cebolas e a banha, juntam-se as restantes carnes e o frango, enche-se com água e um copo de vinho até cobrir tudo e coze-se. Estas carnes retiram-se depois de cozidas, cortam-se em pedaços, desossam-se os chispes e a galinha e voltam ao recipiente.
4. Juntam-se-lhe as cenouras, o louro, cominhos e as tripas.
5. Retificam-se os temperos. Deixa-se apurar bem.
6. Serve-se em terrina de barro, polvilhado, com cominhos e salsa picada e acompanha-se com arroz branco solto.

Assadura mista de carne

4 costeletas de porco
8 febras de porco
4 tiras de entremeada
1 morcela
1 chouriço de carne
5 alhos pisados
4 c. sopa de azeite
1 c. sopa de vinagre
Salsa picada
Coentros picados
Sal e pimenta

1. Tempere bem as costeletas, as febras e a entremeada com uma pasta preparada com 2 c. sopa de azeite, sal, pimenta e alhos pisados.
2. Grelhe as carnes, a entremeada e os enchidos (estes últimos levemente para não secarem) num grelhador de carvão. Depois corte as carnes em tiras e os enchidos em rodelas grossas.
3. Faça um molho de azeite e vinagre (2 partes para 1), salsa, sal e boa pimenta. Regue as carnes com este molho.
4. Enfeite com os enchidos e salpique-as com os coentros picados.
5. Acompanhe com migas (veja receita na pág. 61).

Cozido de grão-de-bico

500 g de grão-de-bico, demolhado durante 24 horas
1 cebola
4 cravinhos de cabeça
1 kg entrecosto cortado em bocados
3 c. sopa de banha de porco
4 dentes de alho
500 g de toucinho fumado cortado em bocados
1 copo de vinho branco
2 cenouras cortadas em rodelas grossas
1 bom chouriço de carne
250 de abóbora, sem casca, cortada em cubos
Cominhos
Sal e pimenta

1. Coza o grão e uma cebola, em que espetou alguns cravinhos, em água com sal durante 10 minutos na panela de pressão. Numa panela normal conte com uma boa hora conforme o grão. Grão novo coze mais rápido. Grão muito velho e seco (não aconselhável) necessita de mais tempo.
2. Coza à parte o entrecosto cortado em bocados e temperado de sal, pimenta e cominhos.
3. Derreta a banha num recipiente e frite nela ligeiramente o toucinho e o alho. Regue com o vinho. Deixe levantar fervura. Junte-lhe agora o grão, a carne, a abóbora e a cenoura e acrescente com água de cozer o grão, até que tudo esteja ligeiramente coberto. Deixe cozer.
4. Uns minutos antes do final da fervura junte-lhe o chouriço, cortado em fatias grossas.

Saber antigo:
Podem servir-se à parte tigelas forradas com fatias de pão caseiro sobre as quais se deita alho picadinho e o molho, salpicando-se com coentros.

Perdiz com pleurotos

As perdizes depois de mortas deverão pendurar-se durante algum tempo, para alcançarem o „tal sabor" - dizem os caçadores. Se decidir por perdizes acabadas de caçar, terá de esperar pelos meses de Setembro a Dezembro. Os pleurotos são apanhados depois das primeiras chuvadas no Outono.

2 perdizes, bem limpas, prontas a cozinhar
Algumas fatias de toucinho fumado
12 cebolinhos cortados às rodelinhas
4 cenouras pequenas cortadas em quadradinhos
2 c. sopa de manteiga
1 copo de vinho branco maduro
½ l de caldo de aves*
1 raminho de rosmaninho, manjerona ou alecrim
1 raminho de tomilho
500 g de pleurotos (cogumelos)
Sal e pimenta
*Caldo resultante da cozedura de carcaças e aparas de aves com legumes e temperos, mas sem sal.

1. Tempere as perdizes por dentro e por fora com sal.
2. Lardeie (envolva) as perdizes com as fatias de toucinho e aperte com uma linha.
3. Prepare num tacho um refogado com a manteiga, os cebolinhos e a cenoura. Core as perdizes no refogado. Regue com o vinho branco, o caldo e a água necessária para cobrir as perdizes. Junte-lhe as ervas atadas num raminho, retifique o sal e cozinhe tapado, durante hora e meia em lume brando. No fim retire o ramo de ervas.
4. Refogue os cogumelos em manteiga, alho e rodelas de cebola. Tempere de sal e pimenta junte-lhes um gole de água, um pouco de sumo de limão e deixe cozinhar uns minutos.
5. Experimente cozer fatias de nabo junto com as perdizes, nos últimos 20 minutos, para servir como acompanhamento.

Guisado de vitela

1,5 kg de carne de vitela
3 c. sopa de azeite
3 cebolas picadas
3 dentes de alho
250 g de ervilhas descascadas
4 cenouras
3 nabos
½ l de vinho branco
4 cravinhos
1 folha de louro
Sal e pimenta

1. Corte a carne em cubos e dê-lhes uma passagem em azeite quente.
2. Tempere de sal e pimenta, junte o alho e a cebola e deixe estufar.
3. Junte o vinho e água quente até a carne ficar coberta. Ferva durante 40-50 minutos e prove a consistência da carne. Se necessário cozer o tempo necessário até estar pronta.
4. Descasque as ervilhas e as cenouras.
5. Corte as cenouras em rodelas.
6. Descasque os nabos e corte cada um em oitavos.
7. Junte todos os legumes à carne. Corrija os temperos e deixe cozer ¼ de hora.
8. Mantenha o recipiente tapado até servir.

Faisão com uvas

1 faisão bem pendurado, esventrado, lavado e seco
4 fatias finas de toucinho
2 copos de vinho tinto
150 g manteiga
1 fio de azeite
Sal e pimenta
Uvas em vinho doce
Mel

1. Seque bem o faisão, esfregue-o com sal e pimenta, envolva-o com as fatias de toucinho e cosa ou prenda estas à ave com uma linha.
2. Frite o faisão virando-o nas gorduras. Depois de alourado leve-o ao forno quente para assar. Durante a assadura vá regando com o vinho, deixando o molho evaporar um pouco. Se a base da assadeira começar a secar junte-lhe alguma água.
3. Vá preparando as uvas como indicado na pág. 62.
4. Retire o faisão do forno, retire as fatias de toucinho e guarde a ave em sítio quente.
5. Desprenda o fundo da assadeira com um pouco de água mexendo-o com uma colher de pau. Junte a este molho a manteiga e uma colher de mel e mexa até ligar.
6. Sirva o faisão com um puré de espinafres ou couve migada e as uvas.

Javali à montanhesa

1 kg de lombo de javali
3 cebolas cortadas em quartos
1 cabeça de funcho
2 c. sopa de banha
1 c. sopa de azeite
½ l de caldo de carne
1 dl de vinho tinto
Rosmaninho ou manjerona ou alecrim
Sal e pimenta

1. Misture o sal, a pimenta e 1 fio de azeite até obter uma pasta. Barre com ela o lombo e core-o em volta na banha derretida. Coloque o lombo num recipiente.
2. Junte-lhe as cebolas, o funcho cortado em fatias e o rosmaninho. Regue com o caldo e o vinho e deixe estufar, tapado, durante um mínimo de 1 hora. Controle a cozedura e a consistência. Depois destape e ferva em lume forte, para reduzir o molho a metade.
3. Acompanhe com uvas estufadas em vinho doce e cogumelos estufados.

Lebre, coelho ou láparos com cogumelos

Amanhados os animais, corte a lebre ou o coelho em oito bocados. Se forem láparos, vão inteiros. Prepare a seguinte marinada, que deve ser aquecida. Regue com ela os pedaços de coelho e coloque tudo durante 24 horas num caçoilo de barro.

1 l de vinho tinto
6 dentes de alho, pisados
2 folhas de louro
Sal e pimenta
2 c. sopa de azeite
Orégão a gosto

Retire o coelho no dia seguinte e guarde a marinada.

Preparação para o forno
1 cebola picada
1 ramo de salsa picada
8 fatias de toucinho cortadas fininhas
2 dentes de alho picadinhos
Sal e pimenta
1 gole de vinagre
1 c. sopa de carqueja

1. Enrole cada bocado do coelho com uma fatia fina de toucinho. Aperte com uma linha. Coloque os bocados de volta na marinada.
2. Junte-lhe a cebola, a salsa, o alho, a pimenta, o vinagre, e a carqueja e deixe estufar durante uma boa hora num forno quente com o recipiente tapado. Animais velhos demoram mais tempo, láparos menos. Prove uma lasca de carne pelo meio para ter a certeza.
3. Retifique o sal e reduza o molho, em lume forte, com o recipiente destapado.
4. Sirva sobre fatias de pão escuro. Se for pão de trigo há que fritar as fatias em azeite.

Almôndegas fritas

500 g de lombo, picadinho à faca
1 cebola, picada fininha
Miolo de pão de trigo ou centeio, embebido em leite
2 ovos
50 g de toucinho fumado bem picadinho
3 c. sopa de salsa cebolinho e coentro picados
1 pitada de açafrão
1 pitada de gengibre raspado
1 gole de vinagre
3 cravinhos de cabeça pisados num almofariz
Sal e pimenta
50 g de banha para fritar
4 dentes de alho com casca

Para o molho:
2,5 dl de vinho branco seco

1. Pique a carne acuradamente, o que vai demorar algum tempo. Se não tiver paciência, compre-a já picada. Senão, comece por cortar com um facalhão bem afiado o lombo em fatias fininhas, depois as fatias em tirinhas e as tirinhas em quadradinhos. Junte os quadradinhos num monte e continue a cortar até obter uma bola de carne picada compacta.
2. Coloque a carne numa tigela e junte-lhe todos os ingredientes. Amasse tudo com as mãos até obter uma massa consistente.
3. Aqueça a banha numa sertã. Coloque-lhe dentro os alhos.
4. Humedeça as mãos e comece a fazer as bolinhas de carne na palma das mãos, passe-as por farinha e frite-as na banha quente até estarem douradinhas.
5. Coloque as almôndegas prontas noutro recipiente e solte o fundo da sertã com o vinho, mexendo com uma colher de pau. Regue as almôndegas com este molho e sirva sobre bocados de pão.

Miúdos de galinha à tasqueiro

Miúdos de 4 galinhas (moelas, fígados, corações, pescoços, patas cortadas, pontas de asa)
2 cebolas médias, picadinhas
3 c. sopa de azeite
3 dentes de alho, picadinhos
1 copo de vinho tinto
Rosmaninho
Açafrão das Índias (Curcuma)
Sal e bastante pimenta

1. Prepare um refogado com o azeite, a cebola e o alho. Tempere de sal e pimenta e mexa.
2. Deite os miúdos no molho e deixe-os refogar, até mudarem bem de cor. Junte-lhe o vinho, o açafrão e o rosmaninho e deixe-os estufar. À medida que o molho vai reduzindo, acrescente com vinho e alguma água e deixe estufar até estarem prontos.
3. Sirva no molho e acompanhe com pão.

Ervilhas com ovos e linguiça

1 kg de ervilhas frescas descascadas, cozidas em pouca água
100 g de toucinho picado
4 c. sopa de azeite
1 cebola, picadinha
4 ovos
250 g de linguiça, cortada em pedaços de 3-4 cm
Pimenta
1 ramo de coentros picado

1. Refogue o toucinho no azeite. Junte-lhe a cebola e deixe estufar. Depois as ervilhas com alguma água. Tempere com a pimenta. Junte-lhe a linguiça e deixe levantar fervura.
2. Parta um ovo de cada vez para uma chávena e deixe-o deslizar afastado dos outros para o molho. Quando todos escalfarem, sirva as ervilhas polvilhadas com os coentros.

Acompanhamentos

Puré de cenoura

8 cenouras médias raspadas
1 colher de cheiro-verde (salsa, cebolinho e coentro) picadinho
Sal e pimenta
10 g de manteiga

1. Coza as cenouras em água com pouco sal. Escorra as cenouras num passador.
2. Pise-as no passador com um maço. Ao pisar pode ir juntando alguma água da cozedura para o puré não ficar demasiado espesso.
3. Junte o cheiro-verde e a pimenta e aqueça na manteiga, mexendo, até obter um puré aveludado. Não deixe ferver.

Puré de ervilhas

1 kg de ervilhas descascadas ou, se não for época de ervilhas, 1 lata grande escorrida
1 pitada de açúcar
1 pitada de noz-moscada
1 colher de cheiro-verde (salsa, cebolinho e coentro) picadinho
10 g de manteiga
Sal e pimenta

1. Coza as ervilhas em água com pouco sal, açúcar e a noz-moscada. As ervilhas de lata já contêm sal e só necessitam de levantar fervura. Escorra as ervilhas num passador.
2. Pise as ervilhas com um maço, tempere o puré obtido com pimenta e misture com a manteiga e o cheiro-verde até obter um puré homogéneo.

Esparregado de hortaliça

1 molho de folhas de qualquer hortaliça migada
3 c. sopa de azeite
1 dente de alho
1 folha de louro
1 c. sopa de farinha, dissolvida num pouco de leite
1 gole de vinagre
Sal e pimenta

1. Coza bem a couve em água e sal. Escorra a hortaliça e pique-a bem fininha.
2. Prepare um refogado com o azeite, a cebola, o alho e o louro. Junte depois a hortaliça, tempere com pimenta e vá estufando em lume brando, mexendo sempre. Retire o louro.
3. Engrosse com a farinha dissolvida no leite. Retifique os temperos, junte o vinagre e deixe cozer mais uns minutos. Cuidado, agarra com facilidade, por isso mexa sempre.

Saber antigo:
Faça um esparregado de acelgas com leite de amêndoa (ver pág. 28).

Puré de grão-de-bico

250 g de grão demolhado durante 24 horas
2 c. sopa de azeite
4 dentes de alho, bem picados
Sumo de um limão
1 raminho de salsa picado
Cominhos, sal e pimenta

1. Coze-se o grão em água e sal. No fim escorre-se a água.
2. Pisa-se o grão quente numa peneira até obter o puré.
3. Misturam-se todos os ingredientes no puré até a massa se tornar homóloga.
4. Enfeite com azeitonas.

Migas com toucinho fumado

250 g de pão caseiro (só centeio ou misto)
100 g de toucinho fumado cortado em cubinhos
4 dentes de alho laminados
1 dl de bom azeite
1 ramo de coentros, picadinho
Pimenta

1. Corte o pão em fatias grossas para uma tigela. Regue com suficiente água quente para o ensopar. Amasse-o com as mãos e deixe descansar tapado.
2. Frite o toucinho num tacho com uma colher de azeite. Junte o alho e o pão, pise e mexa com uma colher de pau, deitando azeite aos poucos, até a bola atingir uma consistência não muito mole. Tempere com pimenta, retifique o sal, polvilhe com coentros e dê-lhe mais uma mexida.
3. Sirva como acompanhamento para carnes grelhadas ou fritas.

Arroz branco de estrugido

2 c. sopa de azeite
1 cebola, picada fininha
1 dente de alho, laminado
1 folha de louro
300 g de arroz
0,75 l de água

1. Prepare um refogado num tacho com o azeite, a cebola, o alho e o louro. Quando a cebola alourar, deite-lhe o arroz, tempere de sal, mexa e deixe-o envolver na gordura.
2. Junte a água, mexa o arroz com um garfo e deixe cozer durante 10 a 15 minutos conforme o tipo de arroz. Passe para um passador e regue levemente com água quente.

Salada de acelgas

1 molho de acelgas
1 cenoura
1 raminho de coentros picadinho
Sal

Para o molho
1 alho picadinho
4 c. sopa de azeite
2 colheres de sopa de vinagre
1 cebola picadinha
Coentros picados
Sal

1. Lave as acelgas e a cenoura e coza-as em água e sal durante 15 minutos.
2. Migue as acelgas e corte a cenoura em rodelas. Coloque-as numa saladeira.
3. Misture os ingredientes para o molho e regue com ele os legumes.
4. Salpique com os coentros.

Uvas em vinho doce

400 g de uvas, descascadas
2 c. sopa de mel
2 c. sopa de vinho tinto (pode usar vinho do Porto)
50 g de manteiga

1. Aqueça o mel em 3 c. sopa de água numa caçarola até obter uma leve calda.
2. Junte-lhe as uvas, o vinho tinto (ou do Porto) e a manteiga aos poucos, abanando levemente a caçarola. Retire cuidadosamente as uvas com uma colher.
3. Sirva-as regadas com o molho.

Sobremesas
Sopa dourada

500 g de açúcar
2,5 dl de água
200 g de pão de trigo sem côdea, de um dia para o outro, cortado em dados
2 c. sopa de manteiga
100 g de amêndoa raspada
10 gemas batidas
1 c. sopa rasa de canela

1. Ferva o açúcar na água até alcançar o ponto de fio forte (o que corresponde a 8 a 10 min. conforme a fonte de calor).
2. Frite ligeiramente o pão em manteiga. Junte à calda, mexendo até desfazer o pão.
3. Junte-lhe depois as amêndoas e as gemas. Misture muito bem e mexa até que as gemas cozam.
4. Retire do lume. Deite num prato e dê-lhe o feitio de um bolo. Polvilhe com canela e sirva frio.

Leite-creme

½ l de leite
1 c. sopa de farinha
200 g de açúcar
4 gemas bem batidas
1 casca de limão (Atenção: escolha um limão biológico, livre de pesticidas)

1. Bata o leite com a farinha. Junte-lhe o açúcar, deixe levantar fervura, retire do lume e deixe arrefecer.
2. Junte as gemas batidas e a casca de limão e deixe levantar fervura em fogo brando mexendo amiúde.
3. Distribua em tigelas de barro.
4. Queimar a superfície do creme com um ferro em brasa.

Palitos doces do frei António

½ pão de trigo ou mistura cortado em palitos grossos
50 g de manteiga
0,5 l de vinho branco
4 c. sopa de mel
1 boa pitada de canela
1 casca de limão (Atenção: escolha um limão biológico, livre de químicas)

1. Num tabuleiro de ir ao forno toste os palitos.
2. Depois barre-os de um lado com manteiga
3. Prepare com o vinho, o mel, a canela e a casca de limão uma calda bem espessa.
4. Deixe esfriar um pouco esta calda e regue os palitos com ela.
5. Leve o tabuleiro ao forno (150 °C) e deixe cozer até que a calda fique reduzida a um terço.
6. Servem-se os palitos quentes.

Frutas cristalizadas

1. Escolha maçãs de boa qualidade, corte as maçãs em quartos e dê alguns cortes na casca. Em seguida passe a fruta por duas águas bem quentes, enxugue-a com um pano e ponha-as numa peneira a secar ao sol em sítio arejado.
2. Ferva açúcar em água (1 kg de açúcar para ½ l de água) em fogo brando até alcançar o ponto de fio forte (o que corresponde de 8 a 10 minutos conforme a fonte de calor).
3. Quando esta começar a ferver, deite nela os gomos de maçã deixando ferver em lume brando até a calda engrossar.
4. Depois de prontas, coloque as fatias a escorrer num passador ou rede, deixando-as secar completamente.

Marmeladas, peradas e pessegadas

2 kg quilos de fruta
2 kg de açúcar
1 l de água
1 gole de água de flor de laranjeira.

1. Cozinhe a fruta descascada inteira, só em água, abafando-a bem. A seguir, corta-se a fruta em pedaços, pisando-os então por uma peneira fina.
2. Faça uma calda em ponto de calda brilhante (até 5 minutos), adicione-lhe um gole de água-de-flor de laranjeira, deite dentro a fruta antes pisada pela peneira e misture tudo muito bem fora do fogo. Leve novamente o tacho ao fogo, ferva e mexa a massa até que se desapegue do fundo. Guarde em recipientes apropriados.

Saber antigo:
Se desejar guardar por algum tempo, junte à fruta uns pingos de sumo de limão.

Marmelada grossa cristalizada

2 kg quilos de marmelos
2 kg de açúcar
1 l de água

1. Faça uma calda com os dois quilos de açúcar num litro de água. Coloque os marmelos descascados e limpos na calda.
2. Depois de cozidos, retiram-se, pisam-se de maneira grosseira. Se desejar a marmelada mais fina, passe os frutos por um passador.
3. Deixe a calda continuar a ferver até atingir o ponto de pérola.
4. Tira-se a calda do fogo e junta-se-lhe a massa dos marmelos mexendo bem até se criar uma massa espessa e homogénea.
5. Leva-se novamente a lume brando mexendo sempre até a massa se separar do recipiente.

6. Logo que crie crosta à superfície, estende-se num tabuleiro, deixa-se arrefecer e pode depois ser cortada nas formas que se desejar.

Rabanadas de vinho

As rabanadas são também conhecidas por fatias douradas ou fatias paridas, por serem dadas como fortificante às mulheres judias após o parto. O hábito passou para os cristãos, aliado ao nascimento de Jesus e por isso as fatias comem-se no Natal.
Na Alemanha chamam-se „Fatias de cavaleiro pobre". Possivelmente eram servidas aos cavaleiros-monges quando chegavam às comendas. Por não conterem carne podiam ser comidas em tempo de abstinência. O detalhe português é o poderem ser confecionadas com...vinho tinto.

½ pão de trigo ou de mistura cortado em fatias grossas
½ l de vinho tinto
1 c. sopa de açúcar
½ c. sopa de canela
3 ovos batidos
1 pitada de sal (facultativo)
Manteiga para fritar

1. Ferva o vinho com o sal, açúcar e a canela e deixe-o arrefecer.
2. Passe rápido as fatias de pão, uma a uma, pelo vinho tinto, escorra-as e embeba-as no ovo. Frite-as logo na manteiga quente.
3. Coloque-as de parte e polvilhe-as com açúcar e canela.

Fatias nobres (rabanadas com leite e frutas)

6 figos secos, 1 c. sopa de pinhões, 10 miolos de noz, 1 c. sopa de passas, tudo cortado bem fininho.
2 c. sopa de mel
2 copos de vinho doce ou Vinho do Porto
2,5 dl de água

1. Proceda como na receita anterior, mas em vez de vinho use leite e depois de fritar as fatias, regue-as com o molho resultante da uma fervura leve dos ingredientes.
2. Polvilhe as fatias com açúcar e canela misturados.

Tigelada de leite

1 l de leite
12 ovos
12 c. sopa de açúcar
Água de flor de laranjeira ou sumo de limão
1 boa pitada de canela
1 pitada de sal

1. Bater tudo numa taça durante alguns minutos. Despejar para recipientes de barro vidrado.
2. Levar tapado a forno quente (preferencialmente um forno de lenha) durante cerca de meia hora. Destapar e acabar de cozer em aproximadamente outra meia hora.

Suspiros

3 claras
6 c. sopa de açúcar
½ colherzinha de sumo de limão ou água de flor de laranjeira
½ colherzinha de fermento em pó

1. Bata as claras com o fermento até ficarem quase em castelo.
2. Vá juntando devagar o açúcar, batendo sempre até ficar firme, mas brilhante e de consistência cremosa.
3. Acrescente o limão.
4. Faça o formato que desejar e levar ao forno por cerca de 15 minutos para dourar.